L'auteur : Conteuse dans l'âme, **Laure Galvani,** suisse et guadeloupéenne de cœur, aime raconter aux enfants de la famille des histoires. Après son premier album **NOUNI,** réalisé avec Thierry Petit le Brun, elle nous livre un nouveau conte illustré par elle, à base de collage. Laure met en scène ces « Ti-bèt-a-bondié, a-milpat » et autre « Zandoli » des antilles qui déjà au naturel pimentent l'imagination des petits.
A la musique des couleurs et des mots, Laure Galvani a ajouté celle des paroles et des notes de la chansonnette de Manioc.

A Lucette, dite Mami
A Madeleine, dite Tantinette
et à tous les rêveurs...

BP 155 - 97181 Abymes cedex - Guadeloupe
e-mail : plbeditions@wanadoo.fr
www.plbeditions.com

Loi 49956 sur les publications destinées à la jeunesse
Dépôt légal : Avril 2001
ISBN 2-912300-24-X
Imprimé en Italie

Texte et Dessins

Laure GALVANI

Toc, toc, toc !
C'est Manioc

PLB EDITIONS

Toc, toc, toc !!!

Manioc sursaute et court ouvrir sa porte.
Devant sa maison, elle trouve un baluchon.
Elle décide de le rendre à celui qui l'a laissé là.

Sans perdre un instant, Manioc s'en va, portant le fardeau sur son dos.

En chemin elle rencontre
un drôle de logis.
Elle s'approche et frappe :
Toc, toc, toc !!!

- Qui est là ? demande Anissanoli qui sort de son lit.
- C'est Manioc. Ce baluchon dormait devant chez moi.
Est-il à toi ?
- Absolument pas ! rétorque Anissanoli,
tournant le dos aussitôt.

Manioc poursuit sa route,
parvient près d'un trou.
Elle se penche et frappe :
Toc, toc, toc !!!

- Qui est là ? interroge Rouginelle qui se fait belle.
- C'est Manioc. Ce baluchon dormait devant chez moi. Est-il à toi ?
- Ce n'est pas le cas ! répond Rouginelle, s'en retournant chez elle.

Manioc chemine encore quelques instants,
arrive près d'un étang.
Elle écarte les roseaux et frappe :
Toc, toc, toc !!!

- Qui est là ? demande Froutillon
  sur un ton grognon.
- C'est Manioc.
  Ce baluchon dormait
  devant chez moi. Est-il à toi ?
- Je n'ai pas de ça chez moi !
  bougonne Froutillon montrant
  ses talons.

Manioc continue ses recherches
jusqu'à un muret.
Elle s'immobilise et frappe :
Toc, toc, toc !!!

- Qui est là ? questionne Patépate cherchant ses savates.
- C'est Manioc. Ce baluchon dormait devant chez moi. Est-il à toi ?
- Non, il est à Spirolio, là-bas ! indique Patépate, rejoignant ses pénates.

Manioc se dirige
vers l'orée du bois.
Elle s'arrête et frappe :
Toc, toc, toc !!!

- Qui est là ? sussure le congolio,
la tête couverte d'un salako.
- C'est Manioc. Ce baluchon dormait
devant chez moi. Est-il à toi ?
- Merci ! Approche ! enchaîne Spirolio.

Surprise, Manioc réfléchit : -Bizarre ce congolio !
Drôles de pattes ! Drôle de chapeau !
Ça y est, j'ai compris.
Apeurée, elle replie ses antennes et ferme les yeux :
- Horreur, c'est Patépate !

Manioc ouvre lentement ses yeux.
Ouf ! Elle est couchée dans son lit ; rassurée, elle sourit.
Plus de baluchon, plus de Patépate.
Le cauchemar est fini.

Mais soudain : Toc, toc, toc !...

LA CHANSON DE MANIOC

Refrain :

Toc, toc, toc ! C'est Manioc,
Avec ce baluchon,
Je m'en vais, tout là-bas,
Bien loin de ma maison.

1. Au premier logis, je frappe : toc, toc, toc.
Anissanoli, lézard sans souci, vient m'ouvrir sa porte.
Mais le baluchon, ce n'est pas le sien.
Avec mon fardeau, je reprends mon chemin.

2. Au second logis, je frappe : toc, toc, toc.
L'amie Rouginelle, belle coccinelle, surgit de son trou.
Pour le baluchon, elle dit : non, non, non.
Avec mon fardeau, je reprends mon chemin.

3. Derrière les roseaux, je frappe : toc, toc, toc.
L'ami Froutillon, joli papillon, doucement s'approche.
Mais le baluchon n'est pas pour sa poche.
Avec mon fardeau, je reprends mon chemin.

4. Contre le muret, je frappe : toc, toc, toc.
Malin Patépate, et ses mille savates, sournois me sourit.
Mais le baluchon est à Spirolio.
Avec mon fardeau, je reprends mon chemin.

5. Dans le petit bois, je frappe : toc, toc, toc.
Mais malheur à moi, Patépate est là.
Je tremble de peur, je ferme les yeux.
Ouf ! il est parti. Le cauchemar est fini.

Mais : Toc, toc, toc ...

La chanson de Manioc

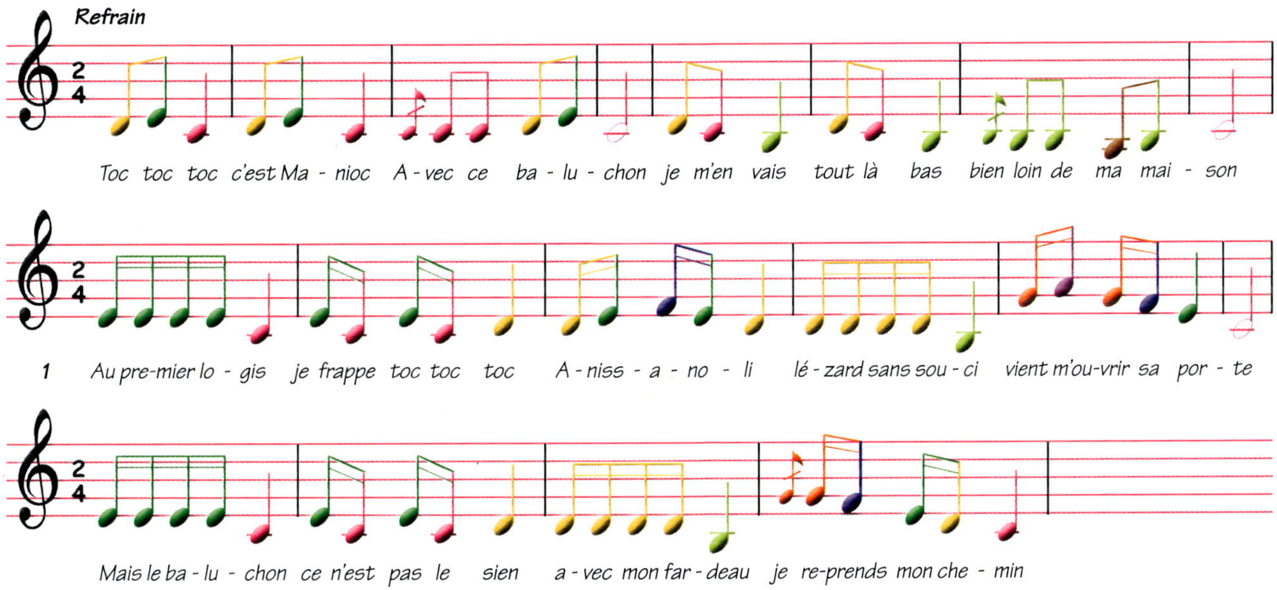